Nach einer wahren Geschichte von Marianne Hengl

Marianne und die roten Zauberstiefel

Erzählt von Irmgard Kramer

Mit Illustrationen von Svetlana Kilian

Der Reinerlös aus diesem Kinderbuch geht an die Behindertenarbeit von RollOn Austria.

BUCHER

Eines Tages bekam Marianne große Lust, die Treppe hinaufzuklettern. Sie sah nach oben. Zählen konnte sie noch nicht, aber es waren viele Stufen. Eine ganze Menge jedenfalls. Sie dachte scharf nach und kam zu dem Ergebnis: „Ich glaube, ich kann das schaffen."

Aber alles ging schief.

Sie rutschte auf ihren gestrickten Patschen aus.

Sie kippte um.

Sie plumpste auf den Hosenboden.

Keiner konnte das Trauerspiel mitansehen. Jeder wollte Marianne auf andere Gedanken bringen.

Der Bruder schleppte sie zum Sandkasten. „Ihr müsst mir einen Turm bauen", befahl Marianne. „Der muss hoch sein. Und ein Loch muss rein. Damit etwas durchfahren kann. Nein, nicht so. Tiefer. Breiter. Aber doch nicht so!"

Da warfen die Kinder Schaufeln und Eimer vor ihre Füße und riefen: „Mach dir deinen blöden Turm doch selbst." Und Marianne baute sich ihren Turm auf ihre Art.

Der Papa trug Marianne in den Stall und setzte sie auf den Futtertisch. Von hier aus schaute sie zu, wie die Kühe ihre Mäuler bewegten, wie sie schmatzten und kauten, schnauften und wiederkäuten.

Die Mama nahm sie mit zu den Hühnern. Marianne wollte mit ihnen spielen.
Die Hühner rannten davon.

Der Großvater trug sie zu den Schafen. Er fütterte die Schafe mit Orangenschalen und erzählte Marianne vom Krieg, als eine Bombe in den Stall einschlug und viele Tiere starben.

Der Urgroßvater setzte sie in den Schubkarren und schob sie hinaus aufs Feld. Während er Gras mähte, wühlte Marianne in der Erde. Da! Ein Wurm! Sie hielt still. Der Wurm kroch auf ihren Arm und es kitzelte.

Dann regnete es eine Woche lang. Marianne hatte schlechte Laune. Die Kühe und Schafe standen knietief im Wasser.

Mama kaufte rote Gummistiefel. Für die Geschwister. Marianne bekam keine. Sie wurde fuchsteufelswild. In Gedanken fuhr sie ihre ganze Muskelkraft aus und ballte ihre Fäuste und hüpfte. Sie machte so ein Theater, dass ihre Mama nicht anders konnte.

Am nächsten Tag bekam Marianne auch rote Gummistiefel. Die Sonne schien. Und kein Mensch trug Gummistiefel. Nur Marianne. Sie legte sich sogar mit ihnen ins Bett. Die Gummistiefel bargen nämlich ein Geheimnis: Sie rutschten nicht. Und Marianne plante ihren Aufstieg.

Marianne trainierte wie ein Bergsteiger.

Sie stellte sich vor, Liegestütze zu machen.

Und Bauchmuskelübungen.

Und Klappmesser.

Und Kniebeugen.

Im Traum packte sie einen Rucksack. Mit Kletterseil. Und Karabiner. Und Proviant. Der Aufstieg sollte an einem Dienstag stattfinden.

Die Treppe hatte eine Gummileiste. Gummi auf Gummi. Marianne stemmte die Sohlen gegen den Boden und merkte, wie sich ihr Hinterteil anhob. So erklomm sie die erste Stufe. Das Glück sprudelte durch ihren Bauch wie kribbelndes Brausepulver. Das gab ihr Kraft. Sie schaffte auch die zweite Stufe. Und die dritte. So weit war sie allein noch nie gekommen.

Plötzlich bekam sie Angst vor ihrem eigenen Mut und rutschte schnell wieder nach unten. Die harten Kanten der Stufen bohrten sich in ihren Rücken. Das tat weh.

Sie schnappte nach Luft und stemmte sich wieder nach oben. Stufe für Stufe. Eine nach der anderen. Sie keuchte und schwitzte. Sie kletterte und kämpfte. Erschöpft erreichte sie ihr großes Ziel.

Ihr kleiner Körper zitterte. Ungläubig schaute sie nach unten. Was für ein Ausblick. Sie begann sich vor der ungewohnten Höhe zu fürchten. Und wie! Keinen Laut brachte sie aus ihrer Kehle. Sie rang nach Luft. Und dann, endlich, brach es aus ihr heraus. Die ganze Angst. Und die Freude über ihren Sieg: „Mama! Papa!"

Die Türen öffneten sich. Von überall her kamen sie gerannt. Die Eltern, die Geschwister, die Tante, der Onkel, die Großeltern und der Urgroßvater. „Wer hat dich denn da hinaufgetragen?", fragten sie. „Niemand. Ich selbst."

Ihre Münder klappten auf. Ihre Gesichter wurden blass. Dann fingen sie an zu schimpfen: „Was fällt dir ein? Das ist viel zu gefährlich. Was, wenn du runterfällst?" Aber Marianne strahlte. Sie spürte, dass sie nicht ernsthaft schimpften. Es schien eher, als platzten auch sie vor Stolz auf ihre Marianne.

Marianne Hengl (li.) und ihre Freundin Zuhal Mössinger-Soyhan (re.) stellen die „behinderte Welt" auf den Kopf.

„Gib einem Mädchen die richtigen Schuhe und sie kann die Welt erobern!"

Auf kein Mädchen trifft dieser Satz wohl besser zu als auf Marianne. Es waren die roten Gummistiefel, die dem Mädchen, das weder laufen noch ihre Arme und Hände nutzen kann, ungeahnte Kräfte verliehen. Das Kind mit den dicken blonden Zöpfen wusste sehr bald, dass ihr Körper anders war, aber deswegen keine Abenteuer wagen?

Von ihren Geschwistern unterschied sich Marianne kaum. Spielerisch, mit viel Kreativität und einer ordentlichen Portion Neugier erkundete sie ihre Welt – mit dem kleinen Unterschied, dass sie auf dem Boden saß und sich ‚rutschenderweise' fortbewegte, während all die anderen liefen. Irgendwann stellte sie fest, dass die roten Gummistiefel, die sie so liebte, gut auf dem Boden hafteten und sie in ihnen einen guten Halt hatte und damit nicht wegrutschen konnte. Ihre Stiefelchen halfen ihr sogar dabei, noch schneller voranzukommen und ermutigten sie, auch gefährliche Hürden in Angriff zu nehmen. Wie beispielsweise die Treppen ihres Elternhauses. Beherzt nahm sie Stufe für Stufe, bis sie schließlich ganz oben angekommen war. Abgekämpft, aber glücklich thronte sie freudestrahlend auf der obersten Stufe und rief stolz nach unten: „Schaut mal, wo ich bin, ich hab's geschafft …!"

Marianne ist ein vielgeliebtes Kind, hat ihren festen Platz in der Familie. Ihre Behinderung wird zur Kenntnis genommen, manchmal ist sie unpraktisch, aber kaum einer hält sich mit ihren vermeintlichen Defiziten auf. Sie lernt mit ihrer Behinderung zu leben, sich anzunehmen und sich selbst zu lieben, wie sie ist. Das Buch zeigt auf anrührende Weise, dass Kinder zunächst alle gleich sind und dasselbe wollen: nämlich glücklich aufwachsen und sich entfalten.

Auf ausgefallene, bunte Schuhe legt Marianne noch heute ganz besonders viel Wert, sie braucht sie aber nicht mehr, um die Welt zu erobern. Heute sind sie ein Zeichen ihres guten Geschmacks.

ZUHAL MÖSSINGER-SOYHAN ist eine deutsche Journalistin. Als sie drei Jahre alt war, wurde bei ihr die Glasknochenkrankheit diagnostiziert. Seit 2013 ist Zuhal Mössinger-Soyhan regelmäßig Interviewerin der Sendung Talk im ARDalpha-Forum. 2012 veröffentlichte sie eine Autobiographie unter dem Titel „Ungebrochen: Mein abenteuerliches Leben mit der Glasknochenkrankheit", über die in zahlreichen Medien berichtet wurde.

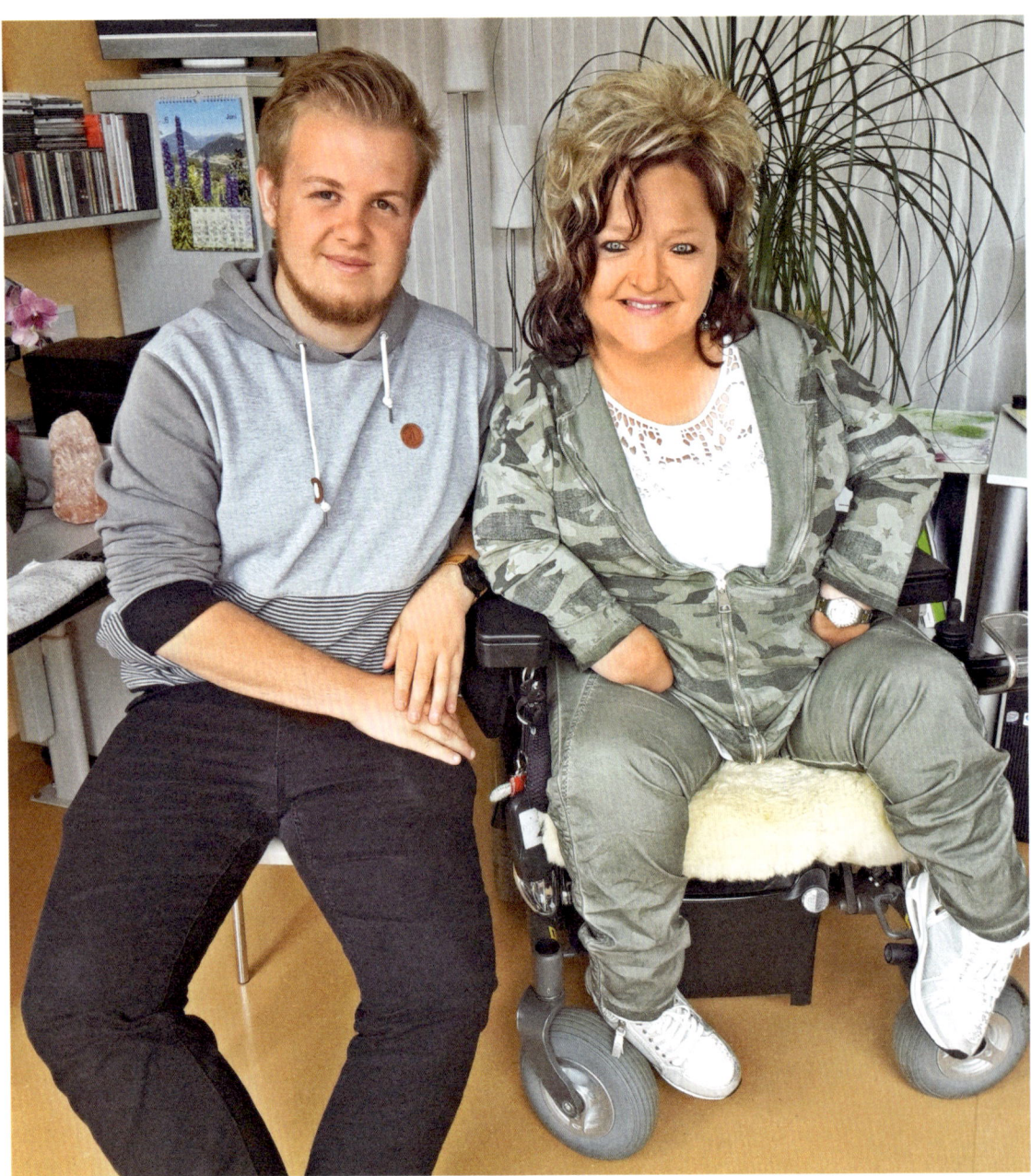

Raphael Hengl, Neffe von Marianne und eines ihrer 11 Patenkinder

„Ich habe geweint, weil ich keine Schuhe hatte, bis ich einen traf, der keine Füße hatte."

Dieses Zitat könnte auch von Marianne selbst stammen, so präzise und dennoch simpel beschreibt es wesentliche Werte und Grundhaltungen von ihr. Eine Frau, die ein Leben mit Handicap schätzen und lieben gelernt hat. Eine Frau, die trotz all ihrer vermeintlichen Einschränkungen alles daransetzt, andere Menschen in schwierigen Situationen zu unterstützen. Eine Frau, die ihre Erfahrungen und Überzeugungen mit der Welt teilen möchte.

Marianne begleitet mich nun schon mein ganzes Leben lang. Als Kind war mir, glaube ich, gar nicht wirklich bewusst, was denn an meiner Tante so anders sein soll, außer, dass sie in einem Rollstuhl sitzt. Denn Marianne ließ sich aufgrund ihrer Beeinträchtigung von keiner gemeinsamen Aktivität abhalten (sie erzählt heute noch gern vom gemeinsamen Singen oder von Besuchen bei McDonald's). Auch am Familienleben nahm Marianne stets uneingeschränkt teil – ich sollte erst viele Jahre später lernen, dass dies vielen Menschen leider nicht möglich ist. Diesen Umgang mit Behinderung habe ich, im Nachhinein betrachtet, damals also als selbstverständlich und nicht weiter erwähnenswert empfunden.

Im Laufe der Jahre konnte ich beim Zivildienst im Elisabethinum (Förderzentrum für junge Menschen mit Behinderung) auch die Arbeit meiner Tante kennenlernen. Die Begegnungen mit den Menschen auf der Straße, wenn wir gemeinsam unterwegs waren, waren außergewöhnlich. Jeder kannte Marianne und jeder wollte etwas von ihr, sei es Rat, Unterstützung oder bloß Zeit, um etwas von sich zu erzählen. Und auch wenn es mich oft gestört hat, die Aufmerksamkeit meiner Tante mit so vielen anderen teilen zu müssen, war ich insgeheim fasziniert davon – von der Frau im Rollstuhl, die ihr Schicksal selbst in die Hand genommen hat und nun eifrig versucht, Menschen in ähnlichen Situationen unter die Arme zu greifen.

Als junger Erwachsener von 22 Jahren sind meine Treffen mit Marianne sehr abwechslungsreich: wir tauschen uns nicht mehr nur über Privates, sondern auch viel über Berufliches aus, sammeln gemeinsam Ideen, erstellen Pläne und Konzepte. Marianne hat über die Jahre in mir den Wunsch geweckt, mich ebenfalls für Menschen einzusetzen, denen es vielleicht nicht so gut geht wie mir selbst – mit ihr gemeinsam kann ich diesen Wunsch auch immer wieder verwirklichen.

KEIN GRUND SICH ZU
VERSTECKEN
Marianne Hengl
1968
ROLLONAUSTRIA
WIR SIND BEHINDERT
WIR SIND KEIN SCHADENSFALL.
2008 WURDE MARIANNE HENGL
ÖSTERREICHERIN DES JAHRES.

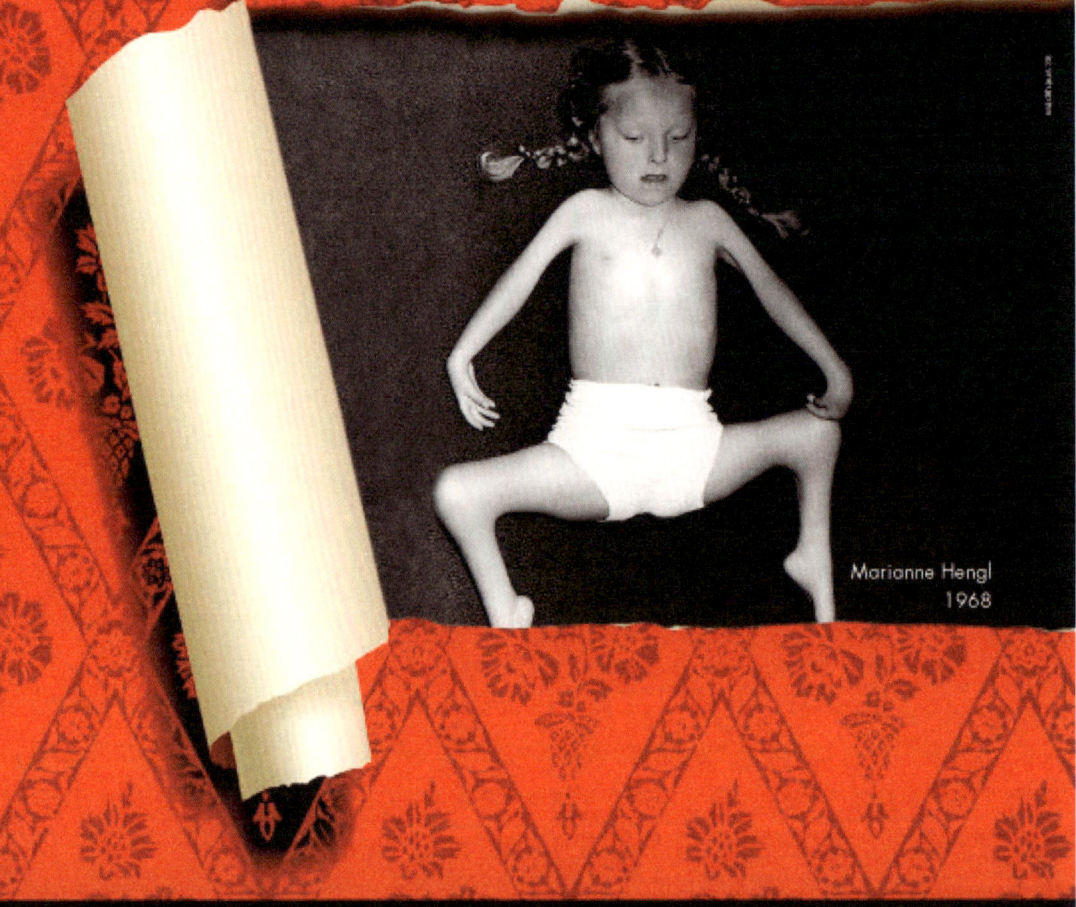

Marianne Hengl hat seit 1989 mit „RollOn Austria" die stärkste Lobbygruppe für beeinträchtigte Menschen im Land aufgebaut. Diese Organisation erstreckt sich auf ganz Österreich. Mit ihrem zehnköpfigen Team ist die Tirolerin eine erfolgreiche Unternehmerin.

Leider werden Menschen mit Behinderungen immer noch an den Rand der Gesellschaft gedrängt und als finanzielle Belastung angesehen. Notwendigste Hilfsmittel wie Rollstühle sind jedoch kein Luxus, sondern für ein würdevolles Leben schlicht und einfach notwendig. Mit unserem Netzwerk gelingt es uns immer wieder Menschen mit Behinderungen glücklich zu machen.

- Die Öffentlichkeitsarbeit von RollOn Austria schenkt Menschen mit Behinderungen ein Gesicht
- RollOn Austria unterstützt Familien und ihre Kinder mit Behinderungen
- RollOn Austria vermittelt durch sein brillantes Netzwerk Arbeitsplätze an Menschen mit Behinderungen
- RollOn Austria deckt auf: „Hinschauen und erfolgreich Handeln"
- RollOn Austria hat eine eigene Fernseh- und Radiosendung:
  ORF III Fernsehsendung „Gipfel-Sieg"; ORF Radiosendung „Stehaufmenschen"
- Kampagnen von RollOn Austria: TV-Spots, Inserate, Postkarten- und Plakatkampagnen
- Jedes Jahr findet die RollOn-Gala – in Kooperation mit dem ORF und der Tiroler Tageszeitung – im Congress Innsbruck statt

RollOn Austria feiert 2019 seinen 30sten Geburtstag.

Unter dem Motto „Wir nehmen uns kein Blatt vor den Mund" beleuchten wir Tabus und setzen alles daran, Berührungsängste und „Barrieren in den Köpfen" abzubauen. Klare und offene Worte über das Thema Behinderung zeichnen unsere Öffentlichkeitsarbeit aus – denn behinderte Menschen haben nichts zu verstecken!

Ohne die finanzielle Unterstützung „unserer guten Engel" könnten wir niemals in diesem Ausmaß so erfolgreich und nachhaltig arbeiten.

Die bedingungslose Liebe meiner Familie hat mich befreit und ich konnte mich in meinem Leben entfalten wie ein bunter Schmetterling.

Eingebettet im Kreise einer großen Familie, wurde ich an einem Mittwoch in Saalfelden geboren. An Armen und Beinen schwer gezeichnet, man nannte diese körperliche Behinderung „Gelenksversteifung an allen vier Gliedmaßen". Natürlich war diese Situation für den Familienclan eine erschreckende und beängstigende Tatsache. Gottvertrauen und der Vorsatz „Wir halten zusammen" hat die Familie in diesen schweren Stunden gestärkt.

Seit ich denken kann, beglückt mich der Gedanke, dass mir meine Mama und mein Papa alles zugetraut haben. Jeder kleinste Erfolg war für uns alle ein kleiner Festtag. Zum Beispiel als es gelang auf meine eigene Art und Weise ein Butterbrot zu essen, oder wie ich mit meinen versteift Armen lernte, mit Unterstützung eines Kopfpolsters, meine Puppen zu knuddeln. Mein Ehrgeiz und meine Lebensfreude trieben mich voran und ich wollte jeden Tag etwas Neues lernen.

Mit neun Jahren gestand ich meiner Mama: „Ich möchte einmal eine ganz besondere Frau werden!" Bis zu meinem fünften Lebensjahr hatte ich nie das Gefühl, behindert zu sein. Ich war, wo meine Geschwister waren, ich bekam, was meine Geschwister bekamen und ich spielte, was meine Geschwister spielten. Meine Eltern waren so stolz auf mich, auf all meine kleinen Erfolgserlebnisse, die im Ganzen betrachtet jedoch riesig waren. Das Hinaufklettern auf die Stiege mit meinen roten Stiefelchen war natürlich das größte Erfolgserlebnis meines damals jungen Lebens – ein Gefühl, das ich bis heute nicht in Worte fassen kann.

Vor vielen Jahren sagten die Ärzte zu meinen Eltern, dass ich kein normales Leben haben würde. Ihr Kind wird immer ein Pflegefall sein, die kleine Marianne wird nie einer Arbeit nachgehen können … und noch viele solche Aussagen haben meine Eltern hinnehmen müssen. Natürlich hatten die Ärzte in vielem recht. Es war ein langer und holpriger Weg, aber irgendwann in meinem Leben habe ich endlich etwas realisiert: „Ich habe viele Dinge in meinem Leben nicht *trotz* meiner Behinderung erreicht. Ich habe sie *dadurch* erreicht."

Darum, liebe Leserinnen und Leser, möchte ich Euch besonders ans Herz legen, an Eure Kinder zu glauben, ihnen etwas zuzutrauen und vor allen Dingen, Eure Kinder in ihren Wünschen und Bedürfnissen zu unterstützen. Eure bedingungslose Liebe ist das Fundament des Lebens, welches jeder Mensch braucht um im Leben zu bestehen.

Mein sehnlichster Wunsch ist es, dass dieses Bilderbuch „Marianne und die roten Zauberstiefel" Berührungsängste abbaut und den Kleinsten in unserer Gesellschaft den normalen Umgang mit beeinträchtigten Menschen ermöglicht.

„Schaut in meine Augen. Wie ich das Leben liebe!"
Ich habe mein Leben, bis zum heutigen Tag, immer als besonders empfunden.

Pädagogischer Begleittext

Eingebettet in liebevolle Beziehungen und haltgebende Strukturen baut das Kind Grundvertrauen auf. Es erfährt seinen Wert (Selbstwert) und entwickelt Werte. Durch die Sicherheit, die es erfahren hat, kann es mit zunehmender Autonomie seine individuellen Lebenspläne entwickeln und auf Basis seiner Werte eigene Ziele verfolgen.

Das braucht Mut. Das ist manchmal auch gefährlich.

Vieles gelingt. Nicht immer alles.

Es gibt auch Bedingungen im Leben, die nicht verändert werden können. Daher gilt es Wirklichkeiten anzuerkennen und zugleich offen zu sein für die Möglichkeiten. In jedem Menschen liegt mehr, als im Moment erkennbar ist. Und so können sich neue, bisher ungeahnte Wege auftun. Wege, etwas zu bewegen – im Äußeren, manchmal auch im Inneren, an unseren Haltungen und Einstellungen.

KLAUS SPRINGER, Diplom-Pädagoge, Fachlicher Gesamtleiter der slw Sozialen Dienste der Kapuziner

Herzlichen Dank an unsere großzügigen Sponsoren:

1. Auflage 2018
BUCHER Verlag
Hohenems – Wien – Vaduz
www.bucherverlag.com

© 2018 Marianne Hengl
Alle Rechte vorbehalten

Herausgeberin: Marianne Hengl
Text: Irmgard Kramer
Gestaltung, Umschlagbild, Illustrationen: Svetlana Kilian
Lektorat: Martin Johler
Druck: BUCHER Druck, Hohenems

Printed in Austria

ISBN 978-3-99018-474-5